Sascha Vilovic, Benjamin Schramm

Geschichte des Telefons

GRIN Verlag

Bibliografische Information der Deutschen Nationalbibliothek:

Die Deutsche Bibliothek verzeichnet diese Publikation in der Deutschen National-
bibliografie; detaillierte bibliografische Daten sind im Internet über http://dnb.d-
nb.de/ abrufbar.

Impressum:

Copyright © 2005 GRIN Verlag GmbH
Druck und Bindung: Books on Demand GmbH, Norderstedt Germany
ISBN: 978-3-656-24737-1

Dieses Buch bei GRIN:

http://www.grin.com/de/e-book/37964/geschichte-des-telefons

GRIN - Your knowledge has value

Der GRIN Verlag publiziert seit 1998 wissenschaftliche Arbeiten von Studenten, Hochschullehrern und anderen Akademikern als eBook und gedrucktes Buch. Die Verlagswebsite www.grin.com ist die ideale Plattform zur Veröffentlichung von Hausarbeiten, Abschlussarbeiten, wissenschaftlichen Aufsätzen, Dissertationen und Fachbüchern.

Besuchen Sie uns im Internet:

http://www.grin.com/

http://www.facebook.com/grincom

http://www.twitter.com/grin_com

B.Schramm
S.Vilovic

Technik und Kultur
SS 2005

Geschichte des Telefons

Benjamin Schramm
Wirtschafts - und Sozialwissenschaften

Sascha Vilovic
Wirtschafts - und Sozialwissenschaften

26. April 2005

B.Schramm
S.Vilovic

Gliederung

1. Einleitung

2. Prä - Telegraphen Geschichte der Fernkommunikation

3. Post - Telegraphische Geschichte

4. Technik und Kulturdeterminismus – warum Telefon?

4.1 Das Transportkonzept

4.2 Das Radiokonzept

4.3 Das Verständigungskonzept

5. Die Psychologie des Telefons – die Telefongesellschaft

6. Fazit

7. Literaturverzeichnis

8. Internetverzeichnis

B.Schramm
S.Vilovic

1. Einleitung

Seit dem der Mensch sesshaft ist beschäftigt ihn der Gedanke sich mit anderen Menschen über räumliche Distanzen auszutauschen. So entwickelten die verschiedenen Kulturen ihren Bedürfnissen angepasste Mittel zur Kommunikation. Trotz der zum Teil großen unterschiede dieser Kulturen ähnelten sich ihre Medien zur Kommunikation sehr. Nach dem die Informationen immer schneller und in immer größeren Mengen zwischen Menschen, Städten und Ländern ausgetauscht wurden, war man gezwungen die Kommunikationsmittel ständig zu verbessern. Die Geschwindigkeit dieser Entwicklung ist exponentiell. So hat sich im Laufe der letzten 150 Jahre mehr getan als in den 5000 Jahren zuvor.

Heute sind das Telefon, Internet, Chatrooms, Dsl, E-Mail, acess points und das Mobiltelefon gebräuchliche Begriffe die aus unserer Kultur nicht mehr wegzudenken sind. Aber wo hatte all dieses seinen Ursprung?

In dieser Arbeit wollen wir speziell auf die technische und kulturelle Geschichte des Telefons eingehen. Es soll unter anderem ebenfalls die moderne Telefongesellschaft sowie der Einfluss des Telefons auf unsere Kommunikationsgeflogenheiten beleuchtet werden.

2. Prä - Telegraphen Geschichte der Fernkommunikation

Alles fing damit an, dass Naturvölker, wie zum Beispiel die Yoruba in Westafrika, ein Bedürfnis entwickelten sich relativ zeitgleich über größere Entfernungen zu verständigen. Im Falle der Yoruba geschah dies durch Trommelstationen. Diese Art der Verständigung wurde von der Frühgeschichte bis noch ins 19. Jahrhundert verwendet. Die Übertragungsrate der Information über dieses Medium betrug damals schon eine Geschwindigkeit von 25 Minuten für 500 Kilometer. Der erhebliche Nachteil dieser Form der Kommunikation bestand in der relativ hohen Zahl der erforderten Trommelstationen und der notwendigen technischen Geschicklichkeit der Trommler, sowie topographischer Hindernisse wie beispielsweise Berge.[1]

---

[1] Jörg Becker, Fern-Sprechen, Vistas Verlag, Berlin 1994, S. 33

Im 15 Jahrhundert entstanden im mamelukischen Ägypten das Brieftaubensystem und die Kamelpost, die pro 500 Kilometer je 10 bzw. 60 Stunden brauchten. Die Qualität der Übertragung hing jeweils stark von den körperlichen Beschaffenheiten der Tiere ab sowie den topographischen Gegebenheiten. Die Taube war zwar ungleich schneller, konnte jedoch nur im wesentlich geringeren Umfang Informationen befördern. Insbesondere für die Taube galt das Problem, dass das Abweichen von einer vorher festgelegten Route nicht möglich war[2].

Ein Jahrhundert später entstanden im Inka Reich das Chasqui (Stafetten Schnellläufer) System und in verschiedenen anderen Regionen der Welt Stafetten Reiter Systeme. Diese benötigten für 500 Kilometer 34 bzw. 90 Stunden um Informationen zu übermitteln. Auch hier galt als entscheidend die körperliche Konstitution der Läufer bzw. der Reiter und Pferde. Wiederum stellt sich zwar das eine System als schneller heraus, konnte dafür aber weniger Informationen vermitteln. Über die jeweilige Effektivität lässt sich also streiten.[3]

Mit dem modernen Telegraphen am ehesten vergleichbar wurde im 19 Jahrhundert in Frankreich der optische Telegraph entwickelt, der in 5 Minuten die Informationen über 500 Kilometer senden konnte. Das System bestand aus auf Türmen montierten Hohlspiegeln die eine Folge von Lichtsignalen nach einem bestimmten Code übermittelten. Somit bestand der Nachteil dieser Technik in der hohen Anzahl von aufwendigen, von qualifiziertem Personal besetzten Stationen, sowie dem Qualitätsverlust bei schlechten Sichtverhältnissen[4].

Zum Ende des 19 Jahrhunderts entstand auf Geheiß Werner von Siemens der erste internationale elektrische Telegraphenverkehr, nämlich eine indo-europäische Leitung, die in ihrer endgültigen Form von London bis Japan und Australien reichte und noch bis 1930 in Betrieb war. Schon 1849 entstand in Deutschland die erste europäische Telegraphen Leitung und bis 1850 war das preußische Staatstelegraphennetz fertig gestellt. Dieses war der Beginn der modernen Kommunikationsära[5].

---

[2] Jörg Becker, Fern-Sprechen, Vistas Verlag, Berlin 1994, S. 33

[3] Jörg Becker, Fern-Sprechen, Vistas Verlag, Berlin 1994, S. 33
[4] Jörg Becker, Fern-Sprechen, Vistas Verlag, Berlin 1994, S. 33
[5] Jörg Becker: Andre Karbelaschwili, Fern-Sprechen, Vistas Verlag, Berlin 1994, S.43-45

B.Schramm
S.Vilovic

3. Post - Telegraphische Geschichte

Schon 1854 veröffentlichte Charles Boursejl in der Zeitschrift l`Illustration de Paris einen Aufsatz zur elektronischen Telefonie, in der er das Grundkonzept des Telefons wie wir es kennen beschreibt[6].

1861 dann, stellte ein gewisser Philipp Reis dem physikalischen Verein zu Frankfurt am Main sein „Telefon" vor, wobei zum ersten Mal dieser Begriff fiel. 1864 führt er sein Gerät, mittlerweile von ihm verbessert, auf der Naturforschertagung in Giessen vor.

1865 wird sein Gerät von Hughes dem Zaren Alexander II. vorgeführt. Hughes schreibt dazu: „die Übermittlung der Sprache ist allerdings sehr unsicher, denn während zeitweise einzelne Worte durchaus klar und verständlich gehört werden konnten, blieb die Sprache gleich darauf …. vollständig fort[7].

Alexander Graham Bell beginnt 1875 mit einem harmonischen Telegraphen, der die Übertragung mehrerer Telegramme gleichzeitig ermöglichen soll. Am 14. Februar 1876 meldet er darauf ein Patent an. In Berlin wird die Stelle eines Telegrapheningenieurs geschaffen, die bald durch Einführung des Fernsprechers vor neue Aufgaben gestellt werden soll. Am 9. Oktober desselben Jahres wird auf einer zwei englische Meilen langen Telegraphenleitung das erste Ferngespräch der Welt geführt.

1877 gibt Edison der Induktionsspule die geeignete Form für den Fernsprechbetrieb. Schon ein Jahr später hatte Stephan die Vision ein umfassendes Telefonnetz zu installieren. Noch im selben Jahr verbessert Walter Siemens den Fernhörer bezüglich der Lautstärke mit einem Hufeisen-Dauermagneten. 1879 bestanden schon Fernsprechvermittlungseinrichtungen in 20 Städten verschiedener Länder. So hatte New York zu diesem Zeitpunkt 4000 Sprechstellen, während London mit 10 Anschlüssen eröffnete. Am 14. Juni 1880 wurde in Deutschland das erste Mal erwägt den privaten Haushalten die Möglichkeit zu geben sich ans das Netz zu koppeln. Das Telefon verbreitete sich so rasant, dass 1881 in den USA nur eine Stadt mit mehr als 15000 Einwohnern noch kein Fernsprechnetz hatte.

---

[6] Renate Genth und Joseph Hoppe, Telefon!, Transit Buchverlag, Berlin 1986, S.133
[7] Renate Genth und Joseph Hoppe, Telefon!, Transit Buchverlag, Berlin 1986, S.133

B.Schramm
S.Vilovic

Der erste Hinweis auf den sozialen Einfluss des Telefons lässt sich am 5 Februar 1887 in einer Erklärung Stephans in Hamburg finden: *„Sie sprechen jetzt direkt mit Lübeck und Bremen. Ich sehe die Zeit kommen, wo sie sich mit den Geschäftsfreunden in Berlin, Kopenhagen und Amsterdam fernmündlich unterhalten werden, was ja u.a. den Vorteil bietet, dass man bei der großen Entfernung nicht gleich täglich aneinander geraten kann."*

1889 wurden endgültig auch private Haushalte an das Netz gekoppelt. Stephan erklärte noch in diesem Jahr vor dem Reichstag: *„Wir werden demnächst in den großen Städten allgemein zu unterirdischen Leitungen übergehen müssen, weil die Dächer nicht mehr die Last zu tragen vermögen."* Des weiteren wurde in diesem Jahr der Hebdrehwähler durch Ammon Strowger und A.C. Keith patentiert.

Die nächste technische Verbesserung findet 1896 statt, als man die Impulstaste durch eine Nummernscheibe ersetzte. Der Telefonhörer in seiner modernen Form wird zwei Jahre später eingeführt und drückt die Kosten einer Sprechstelle um acht Prozent.

1900 wird in Deutschland der Münzfernsprecher eingeführt. Die Funktionsweise war technisch sehr einfach. Durch das einfallende Geldstück wurde ein Glockenklang erzeugt, der der Beamtin im Fernsprechamt so das Signal gab, dass der Kunde bezahlt hatte.

1901 gelten die Standuhren die bis dahin zur Ermittlung der Gesprächszeit benutzt wurden als ungenügend und wurden durch Gesprächsuhren aus dem Schwarzwald ersetzt.

1907 wird zum ersten Mal funktelefonisch eine Entfernung von 270 Kilometern überwunden. Im selben Jahr wird auf das Betreiben der Post die Gesellschaft für automatische Telefonie gegründet.

Am 1. Januar 1910 sind weltweit schon 10 Millionen Fernsprecher an Vermittlungsstellen angeschlossen. Die weitere technische Entwicklung wurde durch den ersten Weltkrieg vorerst gehemmt. Doch trotz dieser Umstände waren 12 Jahre später schon 22 Millionen Fernsprecher in betrieb.

1927 fanden die ersten Versuchsgespräche zwischen Frankfurt am Main und New York statt, wobei man ausgezeichnete Sprechverständigung feststellte. Der Überseesprechfunkdienst zwischen Deutschland und Argentinien wurde im selben Jahr aufgenommen.

Das weltweite Telefonnetz startete seinen Siegeszug 1931, durch Funksprechverbindungen wie beispielsweise Rio de Janeiro – Bangkok (18700 Kilometer) und Rio de Janeiro – Batavia (21000 Kilometer). 1936 wird das erste Breitbandkabel mit 200 Fernsprechkanälen und einem Fernsehkanal ausgelegt.

1940 kann man das Spektrum der Sprechstellendichte pro 100 Einwohner ungefähr wie folgt wiedergeben: USA 16,56; Deutschland 5,28; Sowjetunion 0,8. Durch den zweiten Weltkrieg werden ein Drittel aller Telefone in Europa zerstört sowie ein Großteil der Fernkabelnetze.

1955 gab es die erste internationale Selbstwählverbindung. Sie wurde zwischen Lörrach und Basel aufgebaut. Außerdem wird in diesem Jahr das erste transatlantische Fernsprechkabel durch das Kabelschiff Monarch verlegt. 142 Millionen Telefonanschlüsse zählte man bis 1961, davon entfielen 52 Prozent auf die USA.

Durch das 1974 eingeführte rechnergestützte elektronische Wählsystem wurden dann nach und nach die mechanischen Vermittlungseinrichtungen ersetzt[8].

Ein größerer technischer Umbruch in Deutschland erfolgte erst mit der Einführung von ISDN (*Integrated Services Digital Network*). 1979 beschloss die Deutsche Bundespost, die bis dahin elektromechanischen Vermittlungstechniken, zu digitalisieren. Das Ziel von ISDN war, die bis dahin verteilten Dienste von Telefon, Fax, Fernschreiber und anderen Datenübertragungen auf einem Netz zu vereinen. Von 1980 bis 1987 wurden anhand von Richtlinien und Empfehlungen der damaligen CCITT (heute ITU) die Pläne der Deutschen Bundespost zur Einführung von ISDN festgelegt.

1987 wurde dann in Deutschland das erste ISDN-Pilotprojekt in Mannheim und Stuttgart gestartet. Ab 1989 wurde ISDN bundesweit eingeführt und steht seit 1993 flächendeckend zur Verfügung. Im Dezember 1993 unterzeichnete die Deutsche Telekom, als einer von 26 Unterzeichnern, das "Memorandum of Understanding on the Implementation of a European ISDN". Hierdurch wurden die Weichen gestellt, das bis dahin Nationale-ISDN (1TR6) gegen das heute als EURO-ISDN (E-DSS-1) bekannte System als europäischen Standard auszutauschen. Im Mai 1994 waren die notwendigen Softwareänderungen in den digitalen Vermittlungsstellen der Deutschen Telekom abgeschlossen.

---

[8] Jörg Becker, Fern-Sprechen, Vistas Verlag, Berlin 1994, S. 133- 142

Durch eine Fördermaßnahme der Deutschen Telekom in den Jahren 1995 bis 1996 wurde die Anzahl der EURO-ISDN-Anschlüsse in Deutschland beträchtlich gesteigert. Heute ist Deutschland mit 20 % aller weltweit installierten ISDN-Anschlüsse führend was die Nutzung dieser Technik angeht[9].

4. Technik und Kulturdeterminismus – warum Telefon?

Wie wir an den, was Geschwindigkeit betrifft, effizienteren Beispielen früher Fernkommunikation sehen können, besteht schon länger die begrenzte technische Möglichkeit und der kulturelle Wunsch über größere Entfernungen relativ gleichzeitig kommunizieren zu können. Durch die Veränderung der Gesellschaft und den immer größer werdenden Wunsch nach Kommunikation, wurden Wissenschaftler immer wider veranlasst effizientere Kommunikationsmittel zu entwickeln. Jeder Entwicklungsfortschritt hat die Kommunikationsform seiner Zeit geprägt und neue kulturelle Determinationen hervorgerufen. Dieses lässt die Schlussfolgerung zu, dass es sich bei der Entwicklung des Telefons nicht um eine rein technische, also technisch determinierte, sonder um eine stark kulturell geprägte Entwicklung handelt. Hier spricht man von einer Kulturdeterminierten Erfindung.

Zum dem Zeitpunk als Bell seinen Telefonapparat ‚erfand', wurde dieser jedoch als ein technisches Spielzeug belächelt. So weigerte sich zum Beispiel die Western Union Telegraph, ihm sein Apparat abzunehmen, mit der Begründung; „Was soll eine Gesellschaft mit solch einem Spielzeug anfangen?"[10].

Der physikalische Fernsprechapparat, wie er zu dieser Zeit noch bezeichnet wurde, war konzipiert von Naturwissenschaftlern, darunter auch Philip Reis, der am 26 Oktober 1861 mit dem Satz „ das Pferd isst keinen Gurkensalat"[11] die ersten elektrisch erzeugten Worte sendete, als ein Experimentiermittel zur Übermittlung von Lauten und Vokalen. So fand es denn auch seine ursprüngliche Bestimmung in physikalischen Labors und in Theaterkabinetten. Es bestand also zu dieser Zeit durchaus die technische Möglichkeit zu ‚telefonieren', jedoch gab es dafür noch keinen Bedarf.

Zur Entwicklung des Telefons, wie wir es heute kennen, gibt es drei unterschiedliche kulturelle Konzepte der Kommunikation, die den Anfang der Telefonentwicklung

---

[9] http://www.computerbase.de/lexikon/Geschichte_des_Telefonnetzes
[10] Dr. Ulrich Lange: Werner Rammert, Telefon und Gesellschaft, Volker Spiess, Berlin 1989, S.90
[11] Dr. Ulrich Lange: Walter Maschke , Telefon und Gesellschaft, Volker Spiess, Berlin 1989, S.97

eingeleitet haben. Diese werden bezeichnet als Transport-, Radio- und Verständigungskonzept.[12]

4.1 Das Transportkonzept

Das Transportkonzept der Kommunikation lag dem damals ausgebauten und vorherrschenden Telegrafiesystem zugrunde, sowie aber auch dem postalischen Briefverkehr. Die Charaktermerkmale des Transportsystems sind der einseitige Austausch von Nachrichten, das Umwandeln von sprachlichen Äußerungen in schriftliche oder elektronische Impulse und das Erlernen eines Codes, wie zum Beispiel Alphabet oder Morsezeichen.

Dieses kulturelle Model der Kommunikation wurde in den Anfängen einfach auf die Telefontechnik übertragen. Selbst der Erfinder Bell hatte ursprünglich nur eine einseitige Nachrichtenübermittlung auf kürzeren Strecken vor Augen. Es sollte nur zur Ergänzung des Langstreckensystems der Telegraphie verwendet werden.

Auf diese Weise wurden auch in Deutschland die ersten Telefonverbindungen genutzt. Durch diese kulturelle Vorentscheidung hat Bell das technische Zweiwegsystem vernachlässigt. Die Folge daraus war, dass er Sende- und Empfangsgerät getrennt entwickelte und stetig verbesserte um die Einwegqualitäten zu erhöhen.

1876 demonstrierte Bell vor Unternehmern in Boston die Verwendung des Telefons als Nachrichtenmittel, von der Wohnung eines Unternehmers zu dessen Fabrik. Das System hatte einen Sender, sowie mehrere Empfänger in den Werkstätten der Fabrik. Auch hier findet man noch keine Ideen des Zusammenspiels von Sprechen und Zurücksprechen.

In der Praxis wurde dieses System hauptsächlich von Banken, Versicherungsagenturen und Lieferanten verwendet. Der Nutzen war aber beschränkt auf die schnelle einseitige Informationsübermittlung. Die erste Nutzungsvision des Militärs lag in der schnellen und einfachen Übermittlung von Feindbeobachtungen in vorgelagerten Posten. Auch in besser gestellten Haushalten, sowie in guten Hotels, hielt das System seinen Einzug. Es ersetzte dort die elektrische Klingel, mit der Dienstboten und Hotelpersonal herbeigerufen werden konnten.

---

[12] Dr. Ulrich Lange: Werner Rammert, Telefon und Gesellschaft, Volker Spiess, Berlin 1989, S.92

Auch als die technische Zweiseitigkeit möglich war, hinderten anfangs die eingefahrenen Kommunikationspraktiken die Chancen zum wechselseitigem Gespräch[13].

4.2 Das Radiokonzept

Das Radiokonzept der Telekommunikation stellte eine soziokulturelle Innovation dar. Es ist dadurch gekennzeichnet, dass eine kommunikative Sendung gleichzeitig von vielen empfangen werden kann. Das Konzept stellte Bell schon in Boston aus, mit seinem Sender und drei Empfängern. Praktisch nahm diese Nutzung ihren Ausgang in elektrischen Kabinetten auf Weltausstellungen und in Museen, in denen die neue Technik dem staunenden Publikum vorgeführt wurde. Die gesendeten Beiträge waren anfangs speziell dafür geschrieben Musik oder Opernstücke, die meist mit großer Lautstärke die noch stark vorhandenen Nebengeräusche voll übertönen konnten. Schließlich haben Telefongesellschaften dieses Rundfunkkonzept aufgenommen um Theaterstücke oder Nachrichten zu senden, in die man sich per Telefon jederzeit einschalten konnte[14].

4.3 Das Verständigungskonzept

Schließlich hat sich nach einigen Jahren dieses Konzept der Kommunikation sehr schnell durchgesetzt. Dieses technisch vermittelte Wechselgespräch stellte eine soziokulturelle Innovation dar. Sie unterscheidet sich zu den beiden anderen Techniken durch das direkte Gespräch zwischen Personen bei örtlicher Abwesendheit, ausgezeichnet durch dem gleichzeitigen, sowie wechselseitigen Sprechen und der freien Wahl des Gesprächspartners. Es wurde in der Anfangszeit vor allem in größeren öffentlichen und privaten Organisationen eingesetzt. Dort diente es als internes Mittel zur Kommunikation und zur Förderung des Verkehrs mit Außenstellen.

So trieb das Verständigungskonzept die weitere technische Entwicklung in Richtung des Ausbaus von Netzen und Vermittlungsstellen. Als organisatorische Innovation kam die Abonnentengesellschaft hinzu, welche Nutzungsrechte an den Telefongeräten vergab und die Identifizierung der anderen Teilnehmer im Netz ermöglichte[15].

---

[13] Dr. Ulrich Lange: Werner Rammert, Telefon und Gesellschaft, Volker Spiess, Berlin 1989, S.92
[14] Dr. Ulrich Lange: Werner Rammert, Telefon und Gesellschaft, Volker Spiess, Berlin 1989, S.93
[15] Dr. Ulrich Lange: Werner Rammert, Telefon und Gesellschaft Band 1, Volker Spiess, Berlin 1989, S.94

5. Die Psychologie des Telefons – die Telefongesellschaft

Das Telefon ist vollkommen in unser Bewusstsein integriert und nicht mehr wegzudenken. So hat heute jeder Student, jeder Arbeitslose und jeder Rentner ein Telefon. Ohne das Telefon ist man eine exzentrische Ausnahme, mit ihm immer erreichbar und somit ständig in Kontakt mit dem Rest der Gesellschaft. So kann man heute nicht mehr von einer Teilgesellschaft des Telefonierens sprechen, sonder nur noch von der Telefongesellschaft an sich; denn Telefongesellschaft ist identisch mit der Gesellschaft überhaupt[16]. Es bietet der Gesellschaft Möglichkeiten ihre vielen, zum Teil widersprüchlichen Bedürfnisse alternativ zu befriedigen.[17]

Um das komplette Potential einer Technik freisetzen zu können, bedarf es des Verständnisses ihrer Operationsmechanismen. Obwohl das Telefon ein komplexes Instrument mit weit reichenden sozialen Einflüssen ist, ist es eine einzigartige Erfindung betreffend der Einfachheit seiner Benutzung.

Es wurden unzählige Publikationen über das Telefon veröffentlicht, doch diese beschäftigten sich fast nur mit der technischen Geschichte. Eine von wenigen Ausnahmen stellte Ithiel de Sola Pool mit seiner Publikation ‚Forecasting the Telefone: A retrospective technology assessment' dar. Sydney H. Aronson, ein Sozialwissenschaftler, kommentierte dies wie folgt:

Are we justified in assuming that the telephone actually changed the character of American society, that we are different because of it, and that the differences between a society that has an effective telephone system and one that does not are as great as those between literate and pre-literate societies? But those are different questions and no doubt will receive their deserved attention now that social scientists have discovered the telephone, almost 100 years after Alexander Graham Bell did.[18]

Zu untersuchen ist jetzt, ob, wie Sydney H. Arison suggeriert, eine Gesellschaft mit Telefon sich so sehr von einer Gesellschaft ohne Telefon unterscheidet, wie eine literate von einer prä-literaten Gesellschaft.

[16] Dr. Ulrich Lange: Eberhard Witte, Telefon und Gesellschaft Band 2, Volker Spiess, Berlin 1990, S.29
[17] Dr. Ulrich Lange: Gary Gunpert: Ithiel de Sola Pool, Telefon und Gesellschaft Band 1, Volker Spiess, Berlin 1989, S. 239
[18] Sydney H. Aronson, Bell's electrical toy: What's the use? The sociology of early telephone usage, in The social impact of the telephone, by Ithiel de Sola Pool, The MIT Press, 1977 S.36

Der wohl größte Unterschied besteht aus der Eingrenzung der sensorischen Interaktion zwischen den beiden Gesprächspartnern. Unsere Stimme verrät dem Gesprächspartner weit aus weniger Emotionen als unsere Gesichtszüge, wie auch Gestik, es vermögen. Diese spezifische Eigenschaft der Kommunikation über das Telefon hat Vor- wie auch Nachteile. So kann man dem Gesprächspartner sehr nah sein und ihn durch diese Nähe emotional berühren, während man gleichzeitig die emotionalen Verwicklungen, die eine Interaktion von Angesicht zu Angesicht in Mitleidenschaft ziehen können, vermeidet. Es ist jedem Gesprächspartner die Möglichkeit gegeben eine telefonische Beziehung von einer Sekunde zur nächsten zu beenden – indem der Hörer in die Angel gelegt wird. Wir halten unsere Gesprächspartner und die damit verbundenen Emotionen auf einer angenehmen Distanz. Rein telefonische Beziehungen sind einfach zu pflegen, da der Raum und die Zeit keine Rolle spielen.[19] So zitiert Gampert einen amerikanischen Geschäftsmann und kommentiert dazu zutreffend:

""Relationships conducted by telephone should stay that way…. The wonderful people on my answering service never disappoint me because I've never met them", and he never will"[20].

Genauso bittet das Telefon eine hervorragende Möglichkeit Menschen kennen zu lernen und Fragen stellen zu können, die man in einer Unterhaltung in Angesicht zu Angesicht nicht stellen könnte. Dieses ist auch Menschen möglich, die aufgrund ihres Erscheinungsbildes, benachteiligt sind – es gibt keine Fettleibigkeit, keine abstehenden Ohren, keine Klassenunterschiede etc….

Doch es wäre zu einfach, wenn diese positiven Eigenschaften des Telefons nicht auch Schattenseiten hätten. Durch diese Art der Kommunikation ist es denkbar einfach den Bezug zur Realität zu verlieren. Gary Gumpert beobachtet dieses Phänomen in Amerika, wo Telefon-Chatlines die normale Kommunikation zwischen Jugendlichen mehr und mehr ersetzen. Man trifft sich nicht mehr im Einkaufszentrum, sondern hat Verabredungen über diese Chatlines. Doch trotz allem kann man nicht per se behaupten, dass Face to Face Kommunizierung nicht mehr die ideale Form ist um Beziehungen aufzubauen.

Das Telefon bietet lediglich Alternativen. Wo diese Alternativen jedoch überhand nehmen, sei es beispielsweise wegen Unbeliebtheit in der Schule oder wegen

---

[19] Renate Genth u. Joseph Hoppe, Telefon ! der Draht an dem wir hängen, Transit , Berlin 1986, S.121
[20] Dr. Ulrich Lange: Gary Gunpert, Telefon und Gesellschaft, Volker Spiess, Berlin 1989, S. 242

mangelnden Kontakten, kann man aber ohne Zweifel von einem erheblichen Nachteil für die Gesellschaft sprechen. Noch gefährlicher ist der Ansatz den Gumpert liefert; das normale Menschen das Telefon anscheinend immer mehr als eine dauerhafte und gleichwertige Alternative zu betrachten scheinen[21].

Die zunehmende Beliebtheit des Telefons als alternatives Beziehungsmedium ist jedoch nicht nur durch die Abnahme des Sensorischen Inputs zu erklären. Die mangelnde Verbindlichkeit eines Telefongespräches gegenüber einem schriftlichen oder auch einer Konversation von Angesicht zu Angesicht ist sicherlich auch ein wichtiger Grund. Denn Verbindlichkeit wird heute vielerorts in der Gesellschaft gefürchtet, wie der Leibhaftige selbst in früheren Zeiten. Denn Bindung hindert an der Fortbewegung und die ist zum bedeutsamsten Merkmal unserer Zeit geworden. Das Telefon nimmt uns die Bürde dieser Verbindlichkeit von den Schultern, in dem sie sie systematisch eliminiert[22]. In einer schnelllebigen Gesellschaft ist das gesprochene Wort nur flüchtig und nur gegenwärtig existent. Es lässt sich noch im Sprechen ändern, anpassen und korrigieren[23].

Die telefonische Vollversorgung der Gesellschaft hat auch neue Siedlungsstrukturen ermöglicht. Denn wo es früher als zu gefährlich galt als einsamer, kranker Mensch außerhalb der Rufentfernung von anderen Menschen zu leben, ist man heute über das Telefon abgesichert. In diesem Sinne steht auch die amerikanische Bezeichnung „Life-Line" für den ermäßigten Telefonanschluss für arme und Kranke in den USA.

Doch selbst für unsere alltäglichen Besorgungsgänge bietet das Telefon letztendlich Möglichkeiten der Erleichterung, wie beispielsweise Telebanking und Teleshopping, was mit zu der Entwicklung einer eigenständigen Telefonsprache geführt hat. Diese Sprache zeichnet sich dadurch aus, dass die Signale des nichtverbalen durch rein sprachliche Signale abgebildet werden. Sie ist in gleicher Weise abstrakt und nur auf Sprach- und Hörsinne des Menschen zugeschnitten, wie das Buch für den lesenden.

---

[21] Dr. Ulrich Lange: Gary Gunpert, Telefon und Gesellschaft, Volker Spiess, Berlin 1989, S. 243 -244

[22] Renate Genth u. Joseph Hoppe, Telefon ! der Draht an dem wir hängen, Transit , Berlin 1986, S.120

[23] Renate Genth u. Joseph Hoppe, Telefon ! der Draht an dem wir hängen, Transit , Berlin 1986, S.121

6. Fazit

Wie wir gesehen haben, basiert das Telefon sowohl auf einer Jahrtausendalten
Entwicklungsgeschichte, als auch auf einem ebenso alten Bedürfnis. Das Telefon
an sich stellt somit nicht eine revolutionäre technische Erfindung dar, sondern ist
die logische Konsequenz eines gesellschaftlichen Bedürfnisses. Wir bezweifeln
aber, dass die Telekommunikation der letzte Schritt zur Befriedigung dieses
Bedürfnisses ist. Denn das Telefon ist schon lange nicht nur mehr der
physikalische Apparat zur Fernkommunikation – heute findet sich kein Absatz
mehr für Telefone mit denen man „nur" noch telefonieren kann.
Es gibt heute keinen Punkt auf der Erde, auf dem man nicht 24 stunden, 365
Tage im Jahr erreichbar wäre. Der Siegeszug des Telefons in der Menschheit ist
komplett, denn mit Pagern, Satellitentelefon, Mobiltelefon und Internettelefonie
sind wir jederzeit auf Abruf. Mittlerweile entwickelt sich eher mal das Bedürfnis
einmal nicht erreichbar zu sein.

7. Literaturverzeichnis

Lange, Dr.Ulrich: Telefon und Gesellschaft Band 1, Berlin 1989

Lange, Dr. Ulrich: Telefon und Gesellschaft Band 2, Berlin 1990

Genth, Renate; *Hoppe, Joseph*: Telefon! Der Draht an dem wir hängen, Berlin
1986

8. Internetverzeichnis

http://www.computerbase.de/lexikon/Geschichte_des_Telefonnetzes

CPSIA information can be obtained
at www.ICGtesting.com
Printed in the USA
LVRC011534200820
663737LV00006B/67